Copyright © 2024 Portal 14 World Wild Monster SL

Todos los derechos reservados. Obra registrada en la fecha 25-jul-2023 14 registro es 2307254893838
LICENCIA: Todos los derechos reservados
IDEA ORIGINAL: Pablo Nicai
AUTOR: Pablo Nicai   v
EDICIÓN Y POSICIONAMIENTO: Agencia Portal 14
DERECHOS: Esta obra pertenece a la marca Portal 14 World Wild Monster SL

Queda rigurosamente prohibida, sin la autorización de los titulares del "Copyright", la reproducción total o parcial de esta obra por cualquier medio o procedimiento mecánico, electrónico, actual o de futuro, comprendiendo la reprografía y el tratamiento informático y la distribución de ejemplares de esta edición mediante alquiler o préstamos públicos.

La infracción de los derechos mencionados puede ser constitutiva de delito contra la propiedad intelectual
(Art. 270 y siguientes del código penal)

BIENVENIDOS A
COLOREA A LOS GAMESTARS

CUADRICULA

Aprende a dibujar a tus personajes favoritos de los Gamestars. En esta sección debes recrear el dibujo de la cuadrícula superior. Siguiendo cada sección debes copiar los mismos trazos.

COLOREA

Colorea a tus personajes favoritos de los Gamestars.
Puedes usar los colores originales o usar los colores que más te gusten. Usa tu creatividad y haz que tu dibujo luzca.

LOS GAMESTARS
EL tesoro ESCONDIDO DE Villalegre

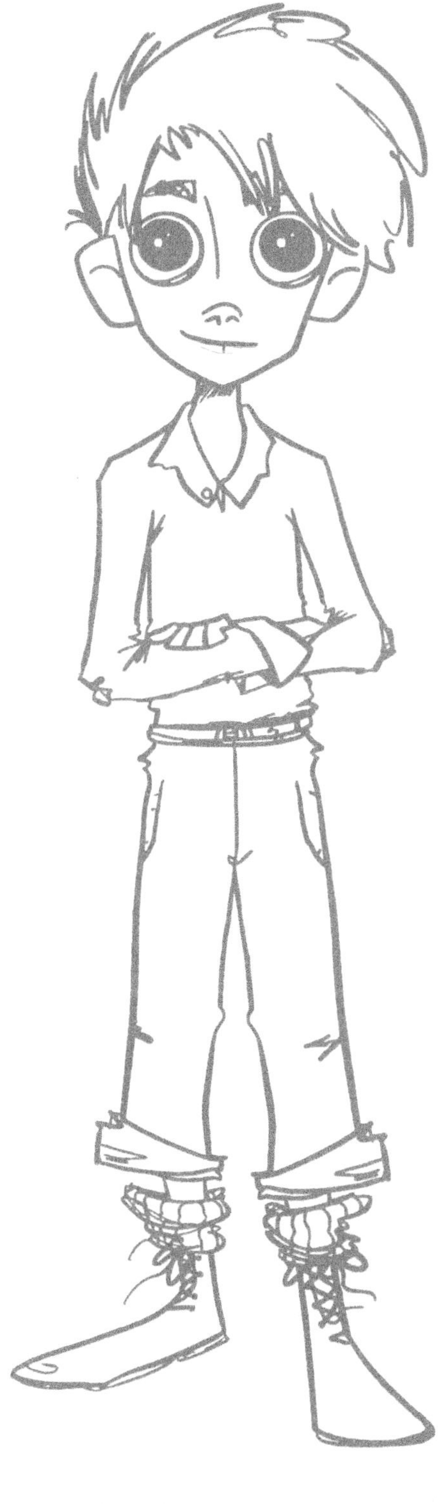

GAMESTARS
los el tesoro ESCONDIDO
de Villalegre

	A	B	C	D	E	F	G	H	I	J	K	L
1												
2												
3												
4												
5												
6												
7												

	A	B	C	D	E	F	G	H	I	J	K	L
1												
2												
3												
4												
5												
6												
7												

GAMESTARS
Los el tesoro ESCONDIDO de Villalegre

Los GAMESTARS
El tesoro escondido de Villalegre

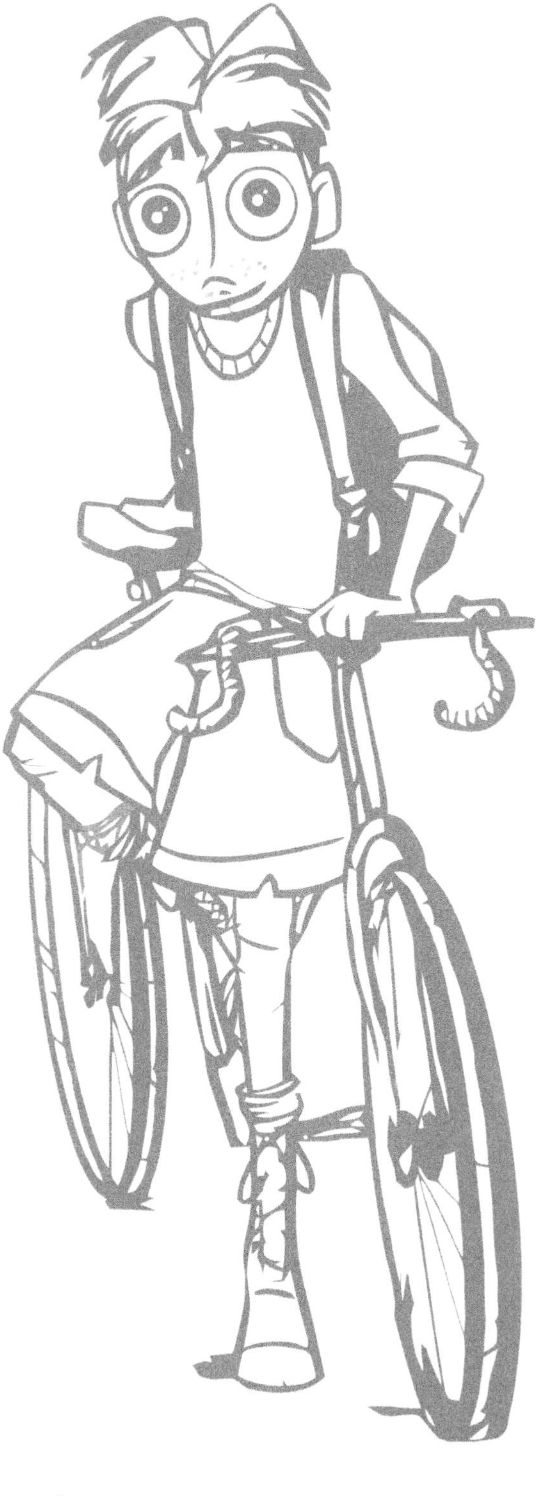

LOS GAMESTARS
EL tesoro ESCONDIDO DE Villalegre

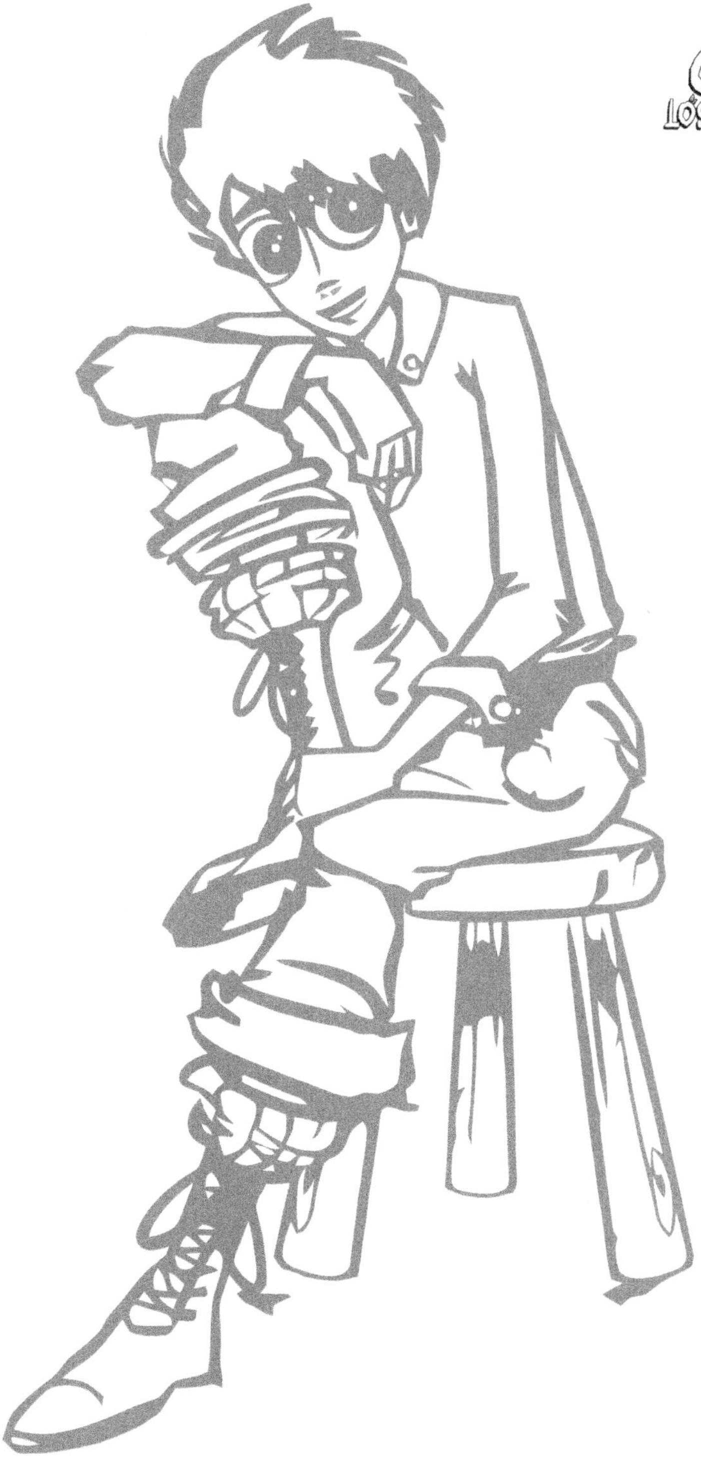

LOS GAMESTARS EL TESORO ESCONDIDO DE Villalegre

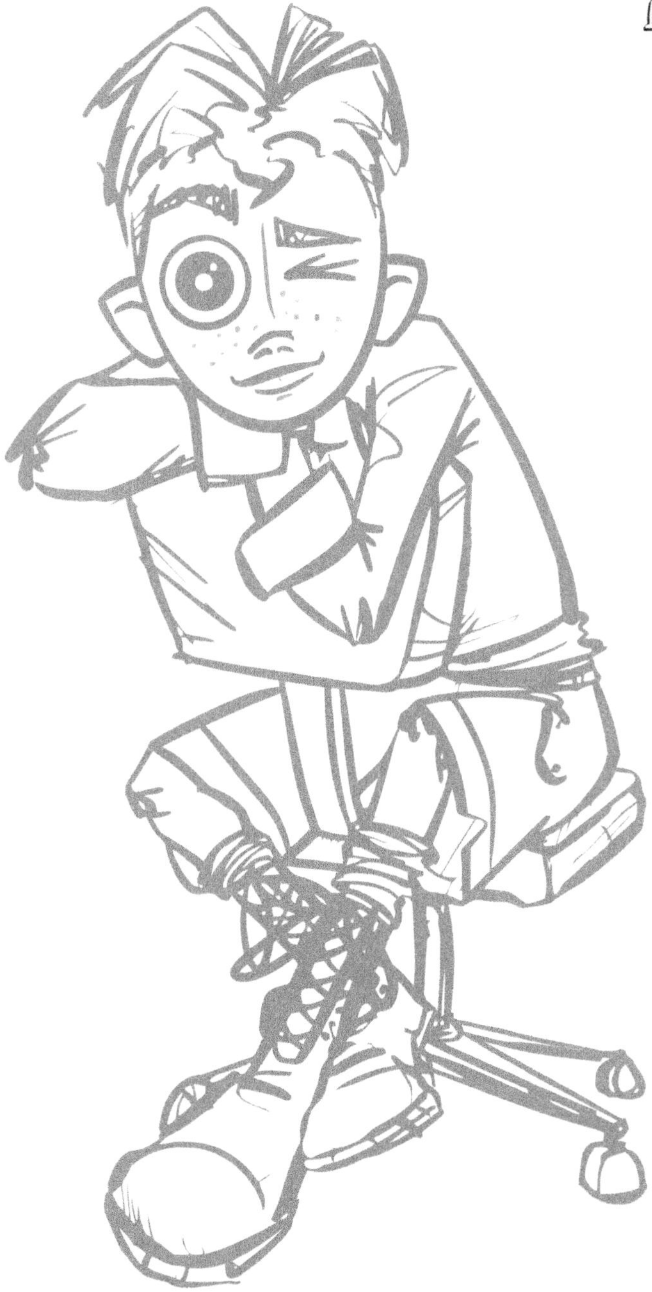

Los GAMESTARS El tesoro escondido de Villalegre

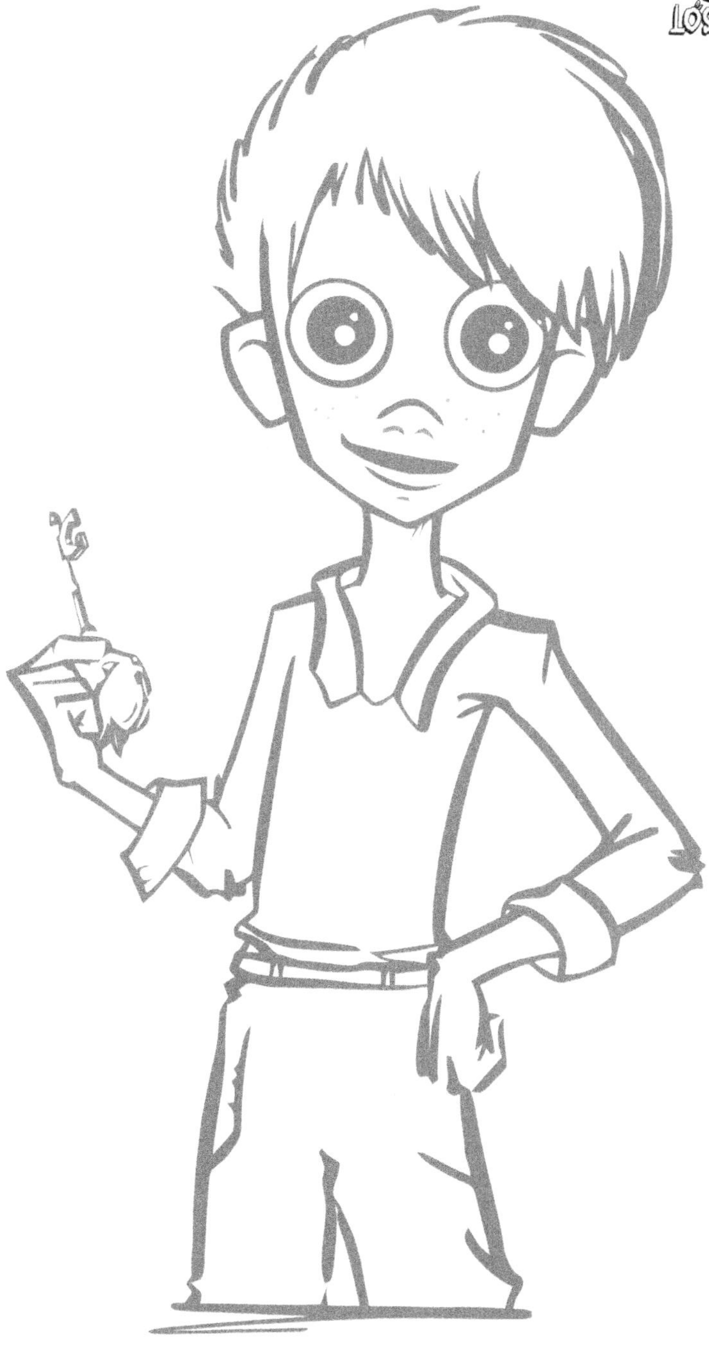

LOS GAMESTARS
EL tesoro ESCONDIDO DE Villalegre

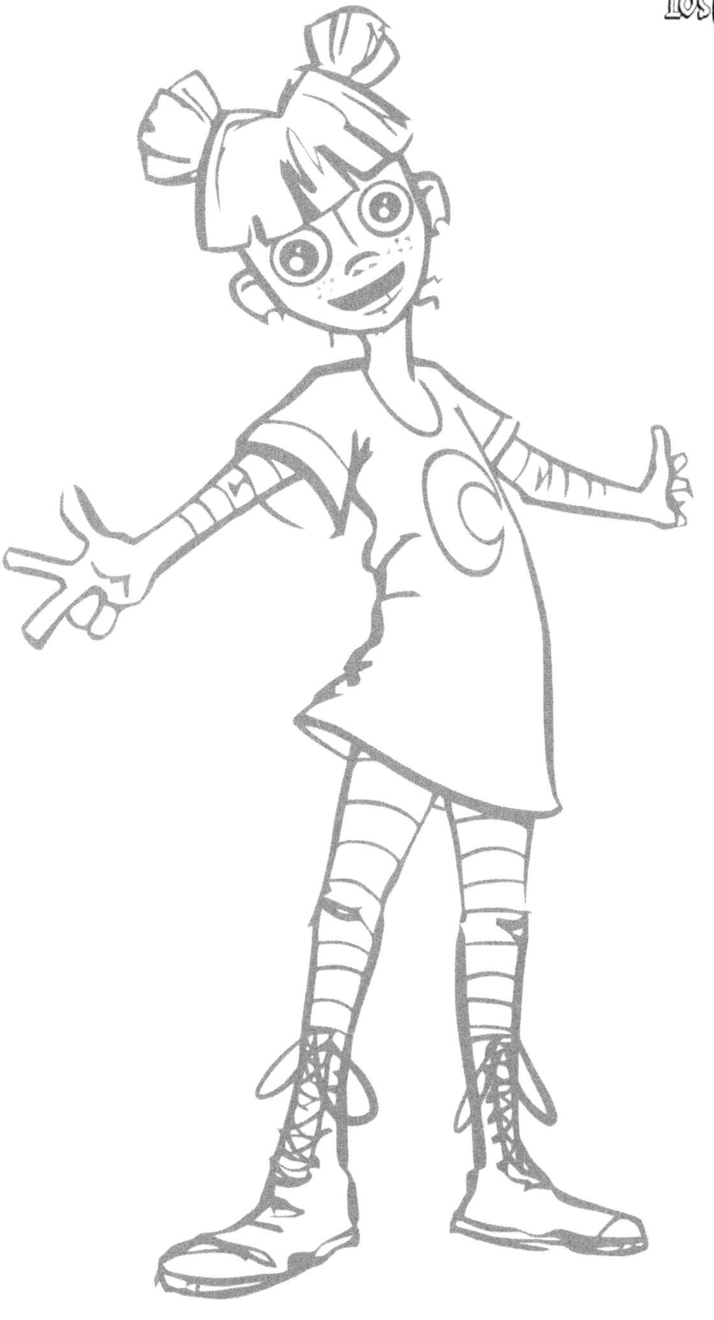

LOS GAMESTARS
EL tesoro ESCONDIDO DE Villalegre

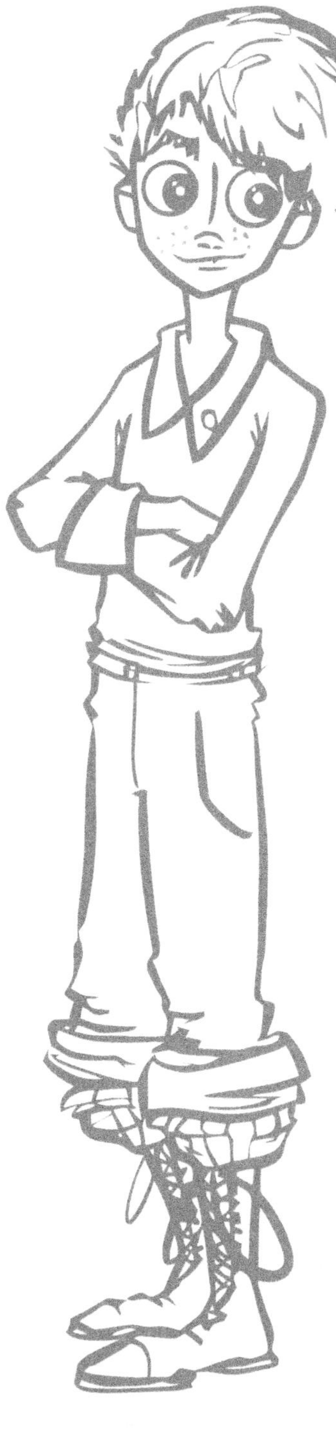

GAMESTARS
LOS · el tesoro ESCONDIDO de Villalegre

GAMESTARS
Los [el tesoro ESCONDIDO] de Villalegre

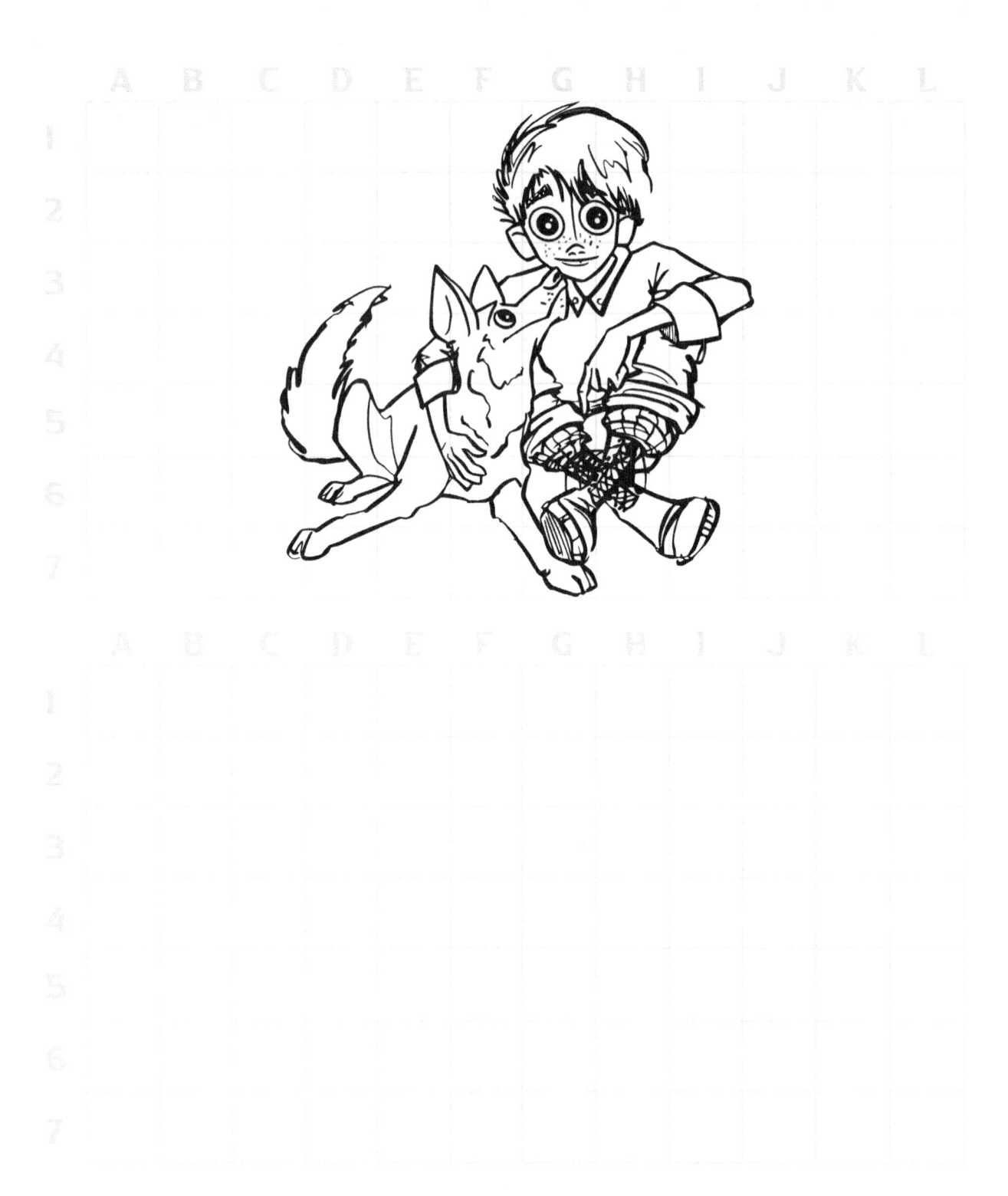
A B C D E F G H I J K L
1 2 3 4 5 6 7

A B C D E F G H I J K L
1 2 3 4 5 6 7

Los Gamestars
El tesoro escondido de Villalegre

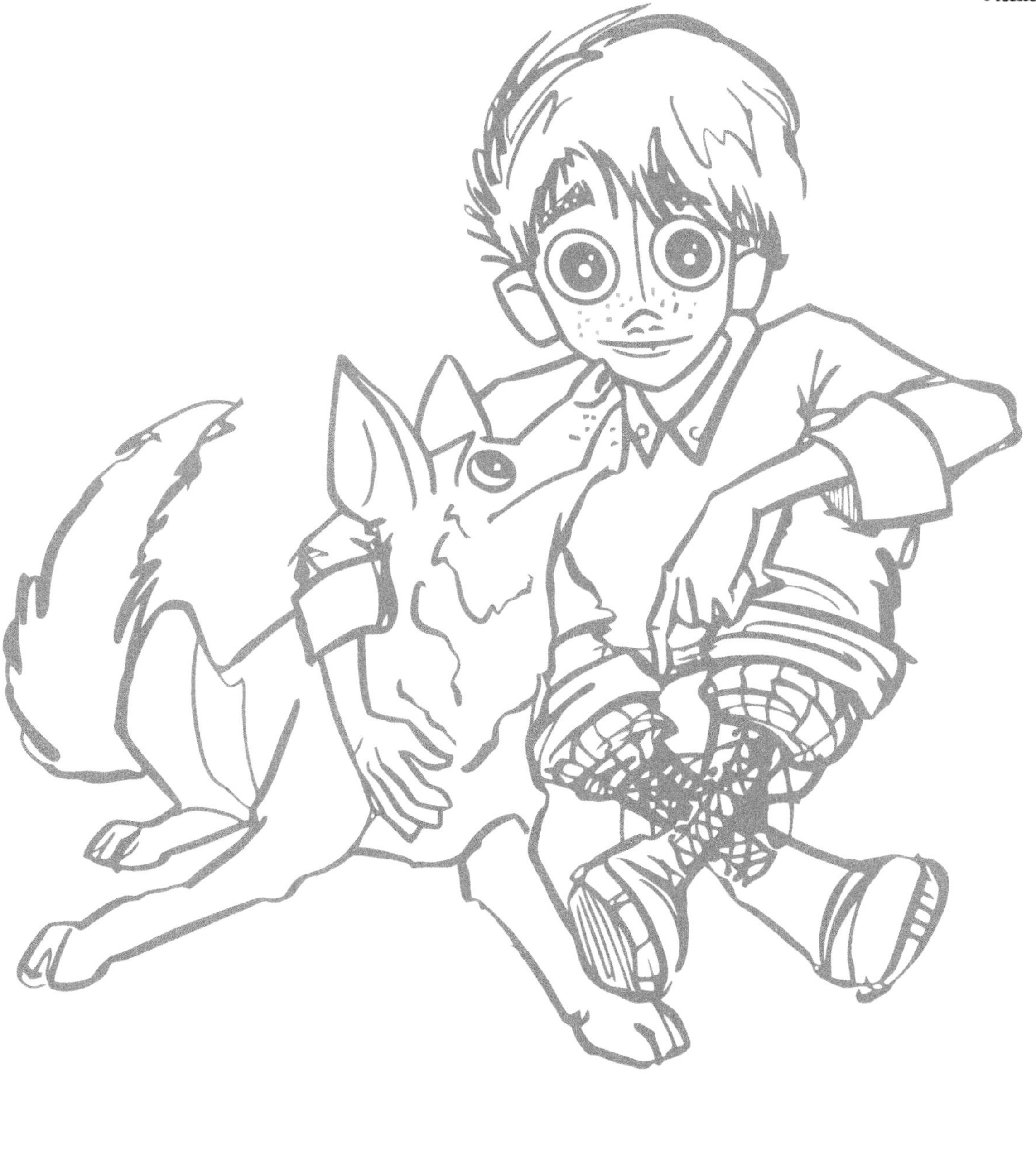

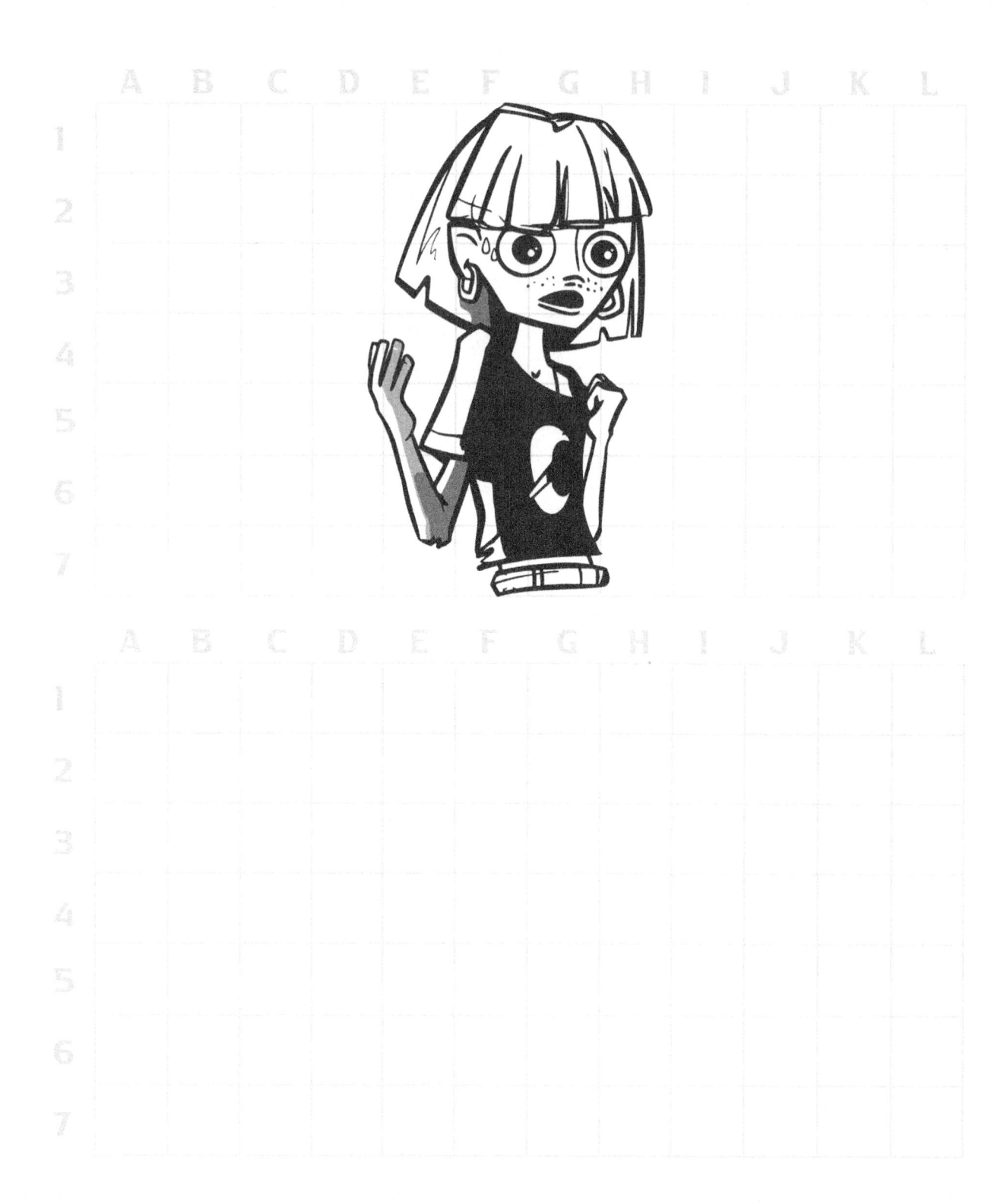
A B C D E F G H I J K L
1 2 3 4 5 6 7

A B C D E F G H I J K L
1 2 3 4 5 6 7

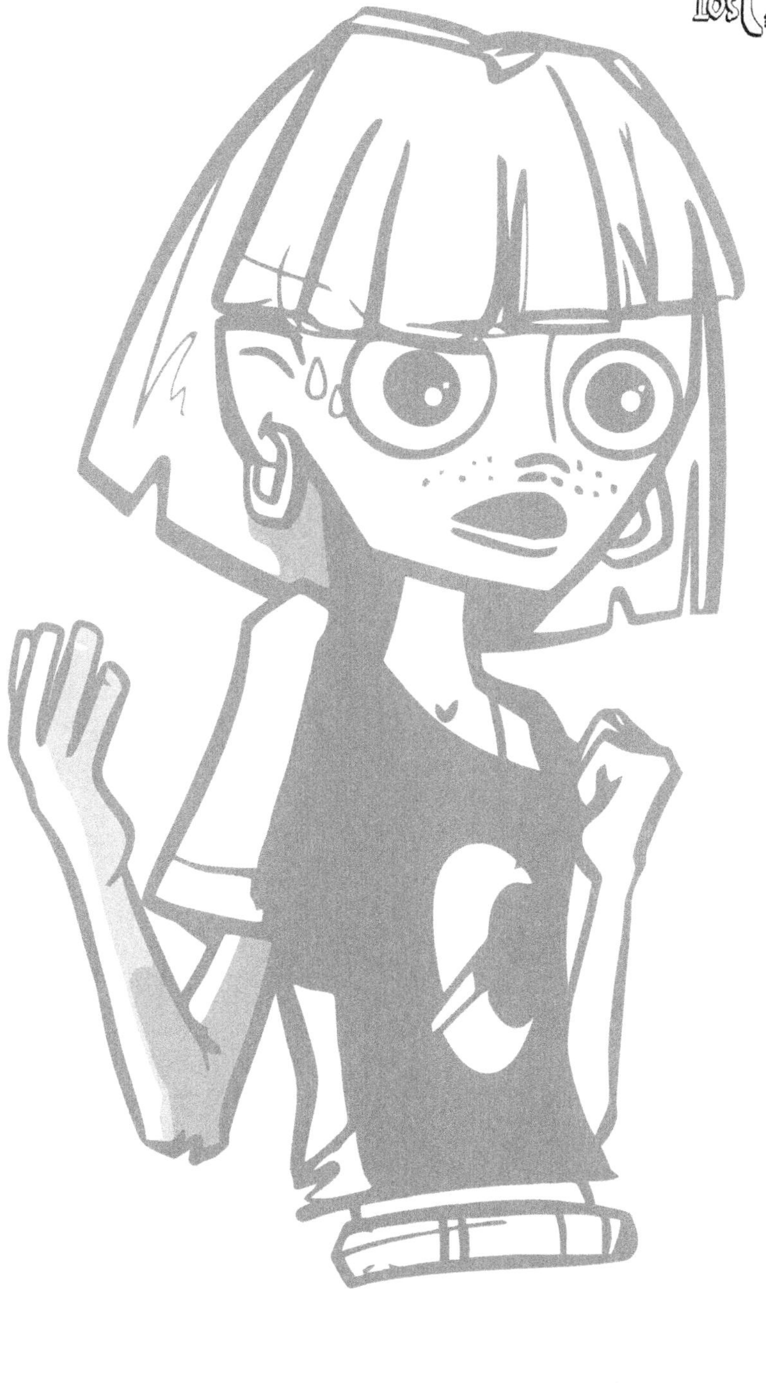

Los Gamestars El tesoro escondido de Villalegre

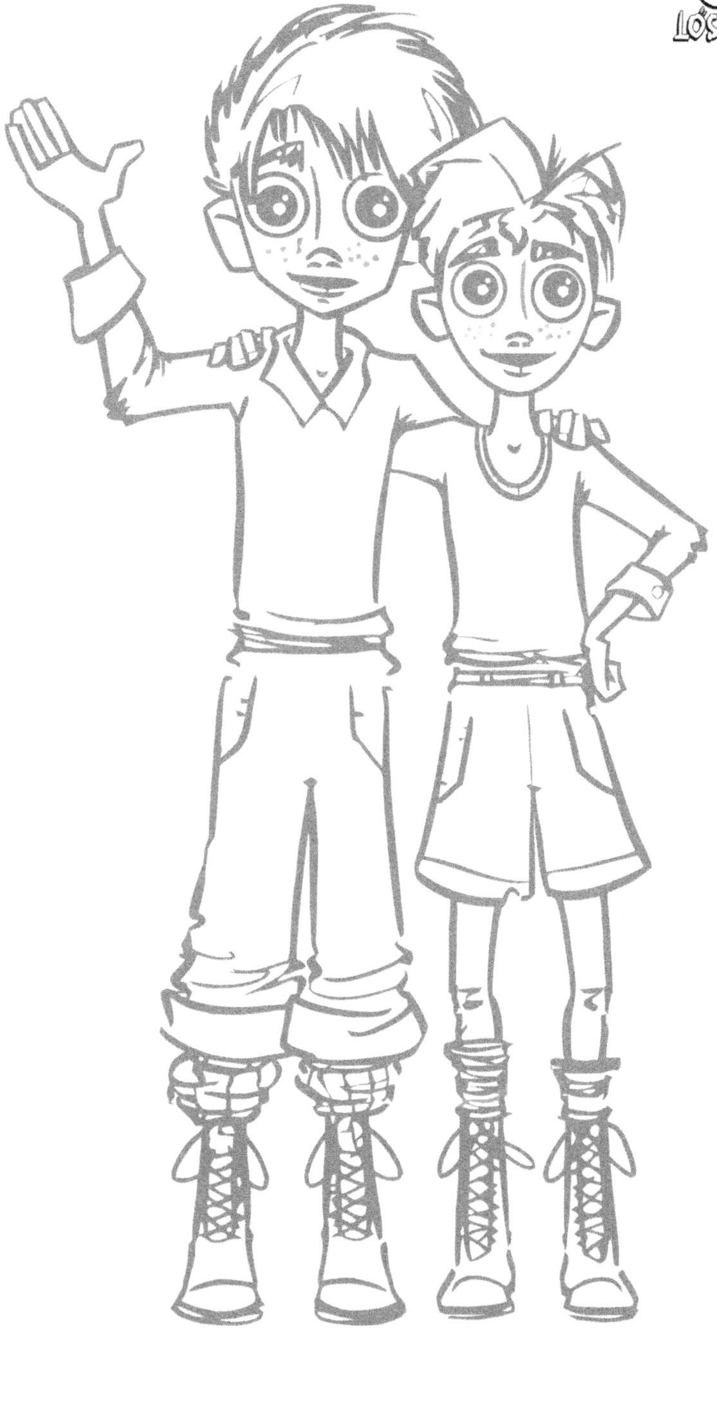

Los Gamestars
El tesoro escondido de Villalegre

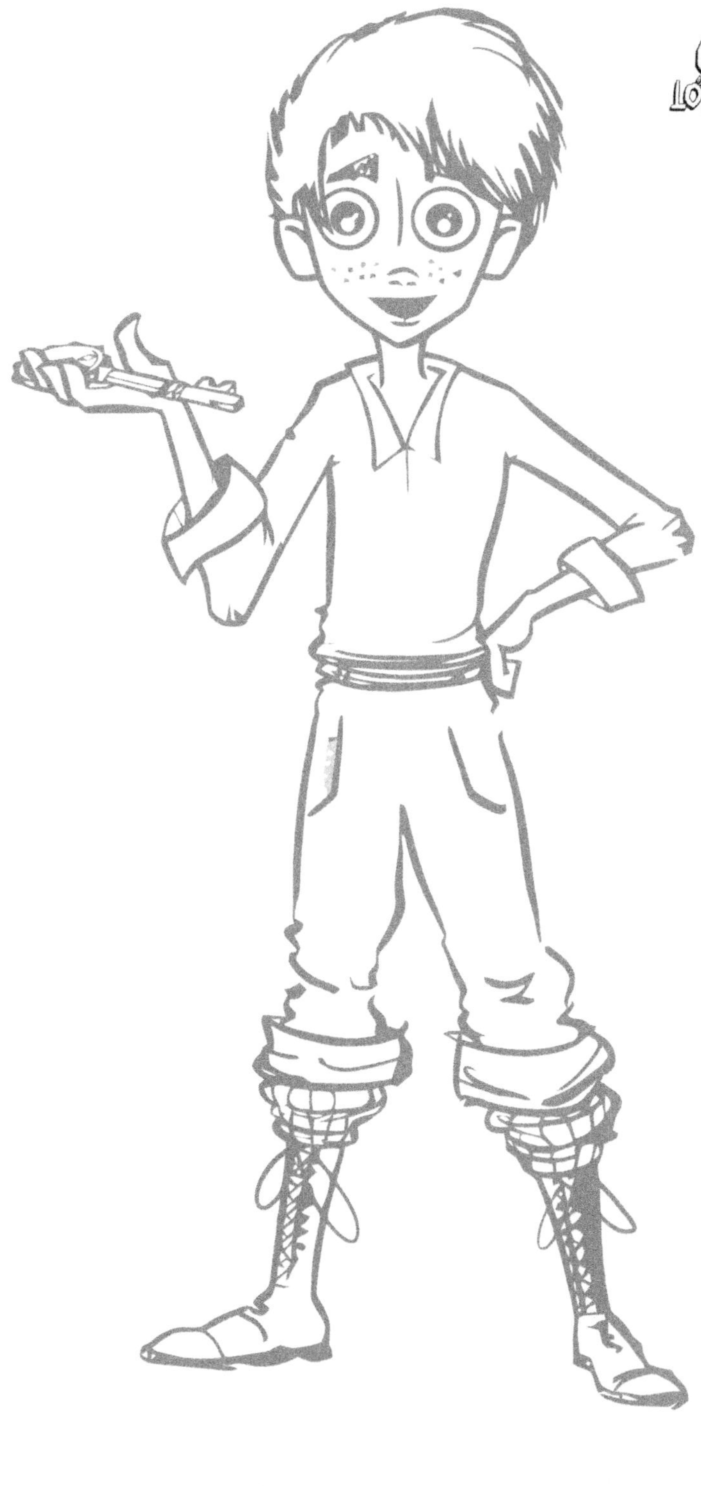

GAMESTARS
LOS el tesoro ESCONDIDO
DE Villalegre

Los Gamestars: El tesoro escondido de Villalegre

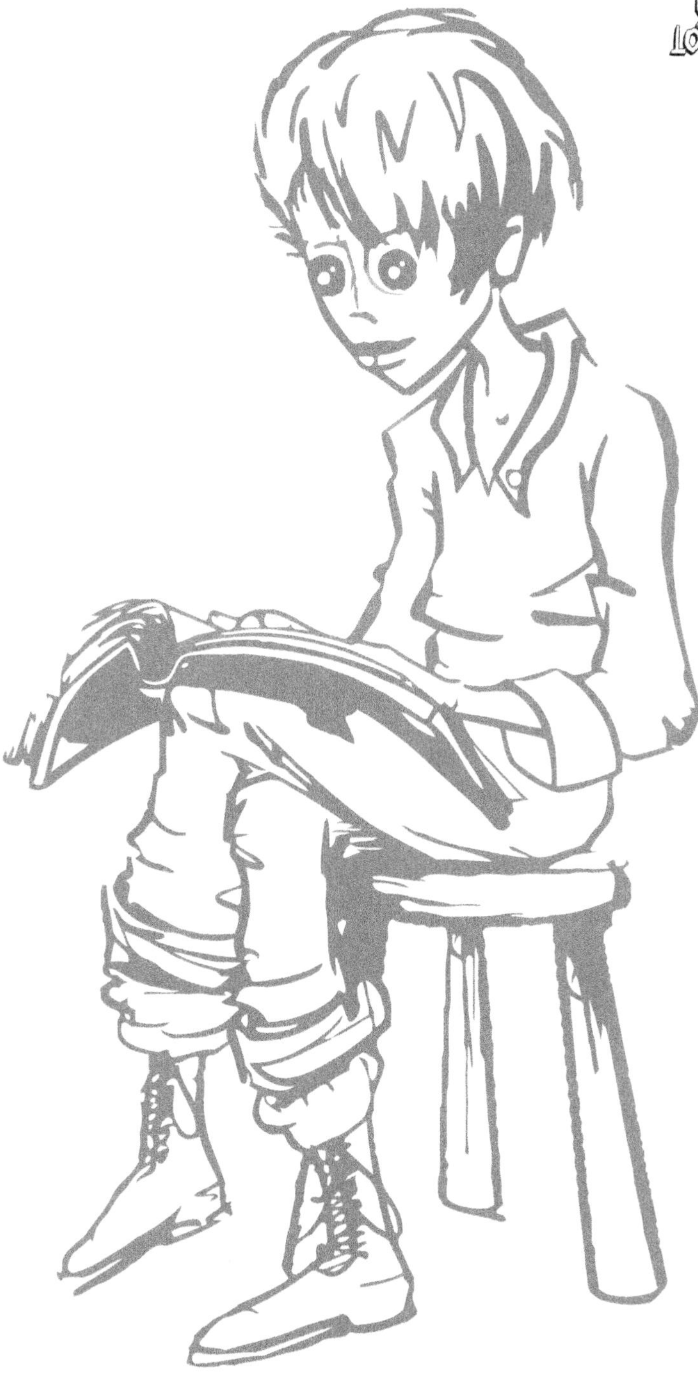

Los Gamestars
El tesoro escondido de Villalegre

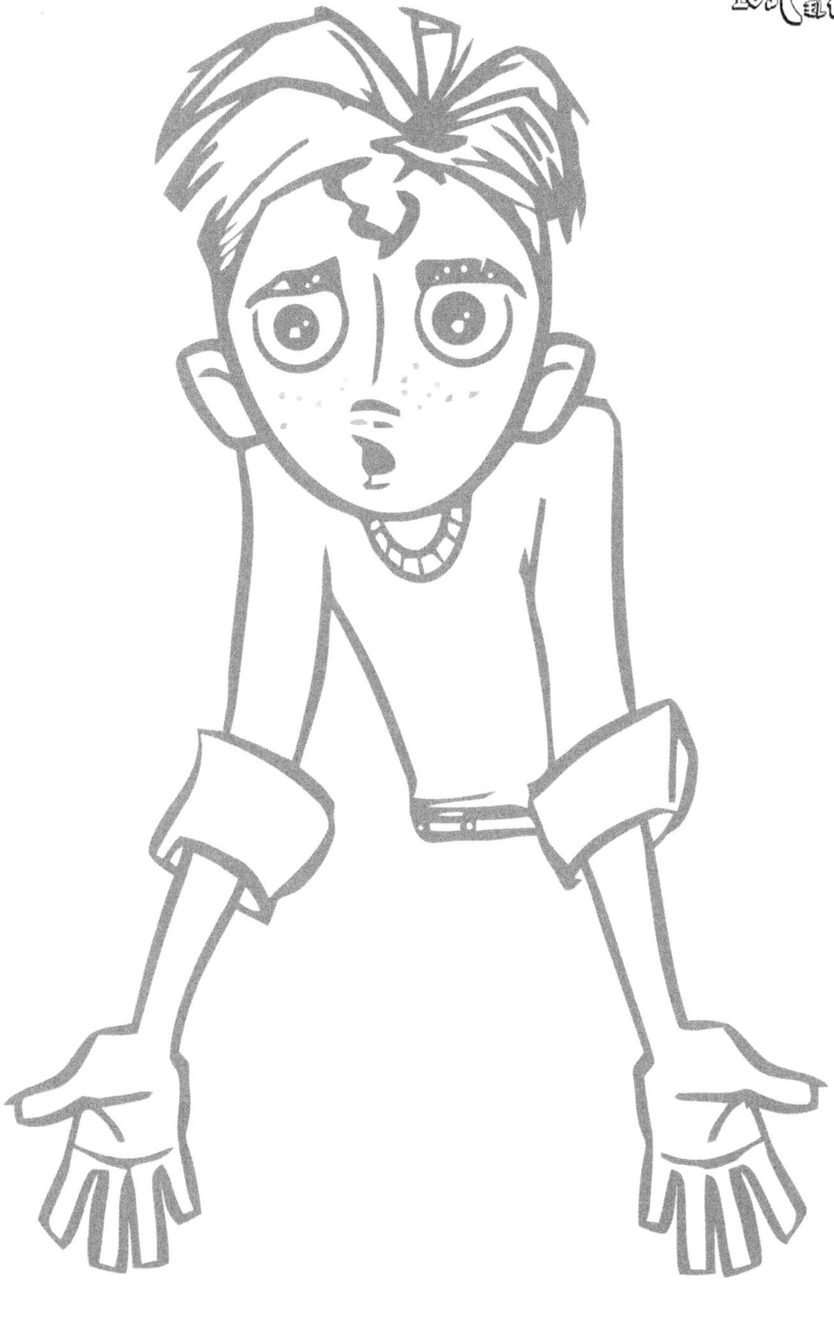

Los Gamestars
El tesoro escondido de Villalegre

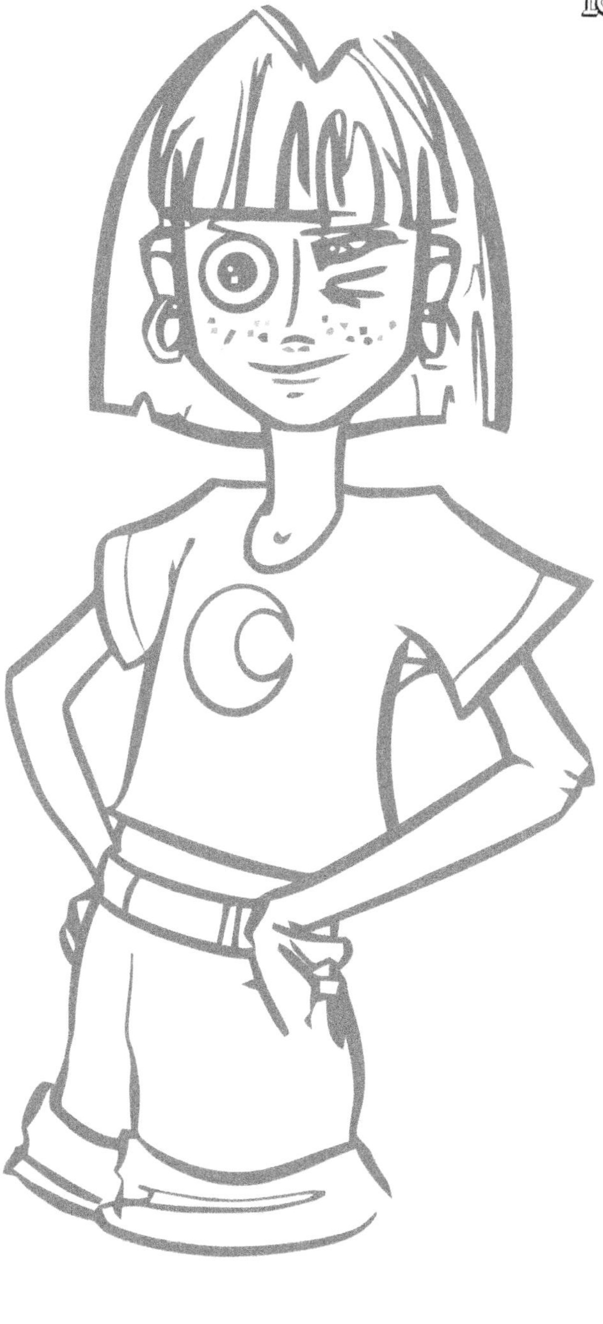

	A	B	C	D	E	F	G	H	I	J	K	L
1												
2												
3												
4												
5												
6												
7												

	A	B	C	D	E	F	G	H	I	J	K	L
1												
2												
3												
4												
5												
6												
7												

LOS GAMESTARS
EL tesoro ESCONDIDO DE Villalegre

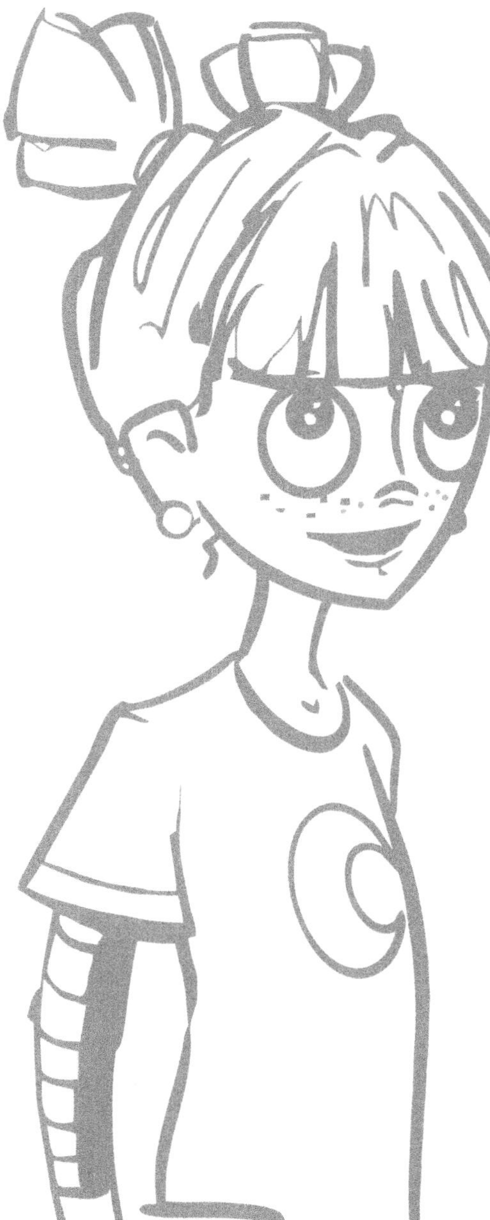

GAMESTARS
LOS *el tesoro* ESCONDIDO DE Villalegre

Los Gamestars El tesoro escondido de Villalegre

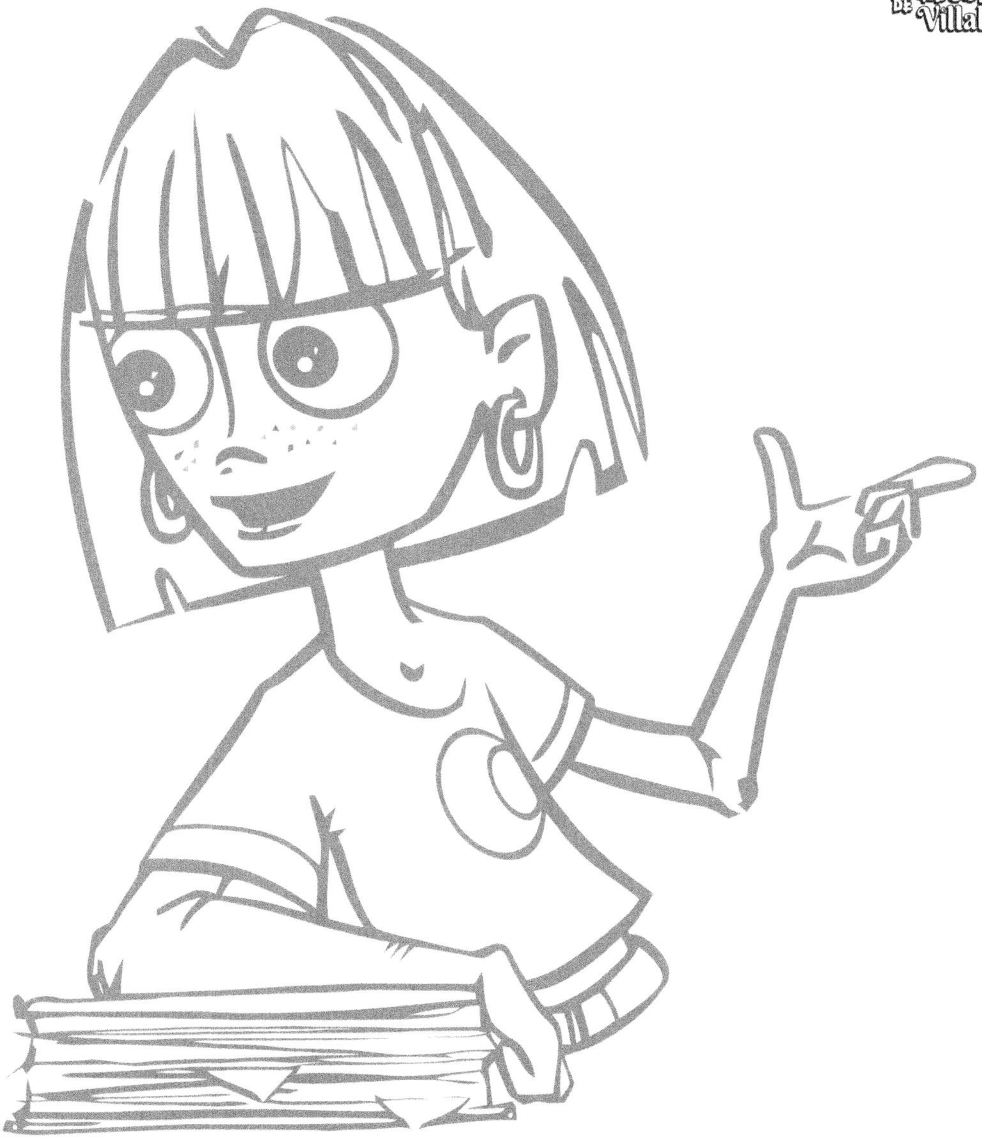

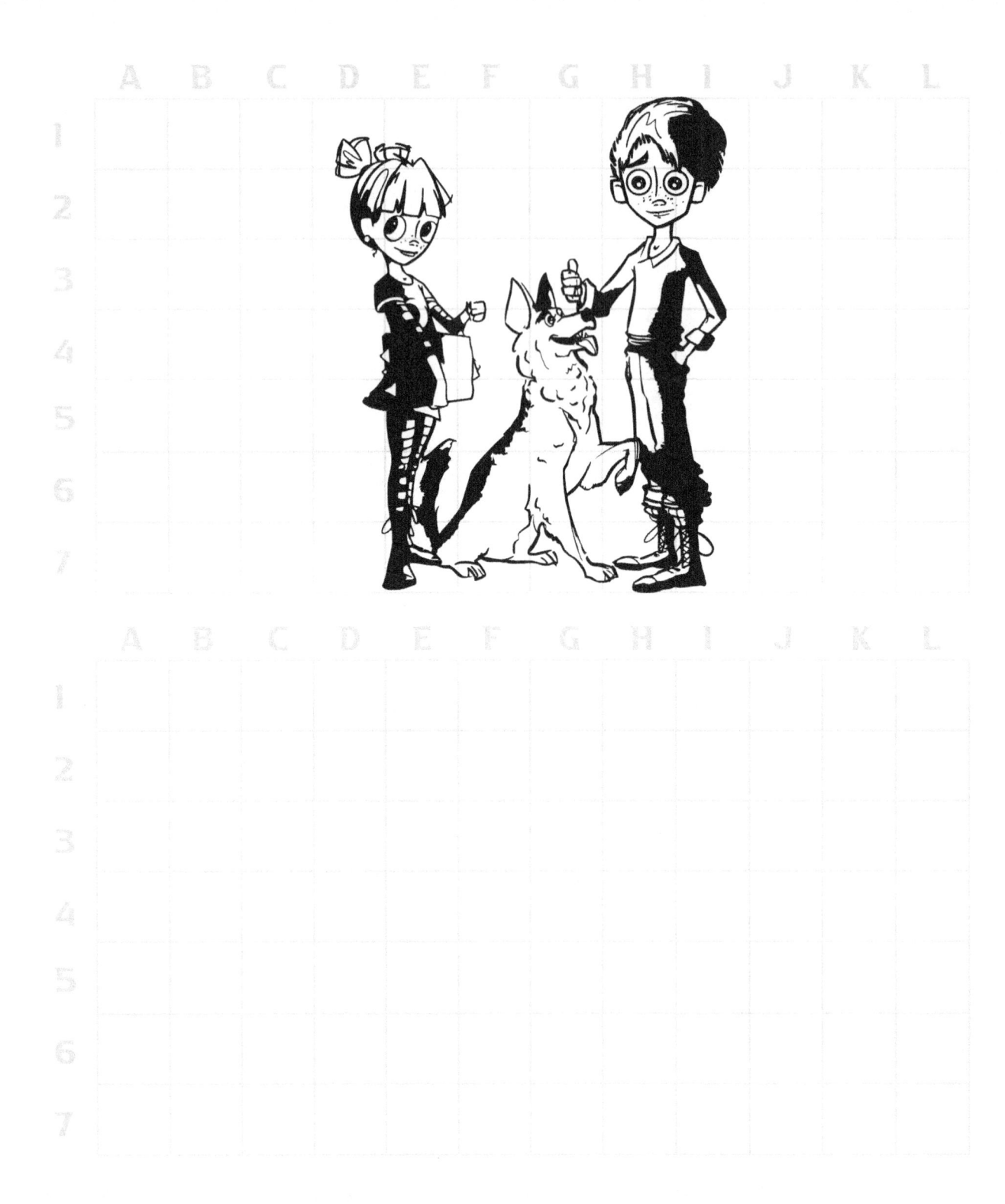
A B C D E F G H I J K L
1 2 3 4 5 6 7

A B C D E F G H I J K L
1 2 3 4 5 6 7

LOS GAMESTARS
El tesoro escondido de Villalegre

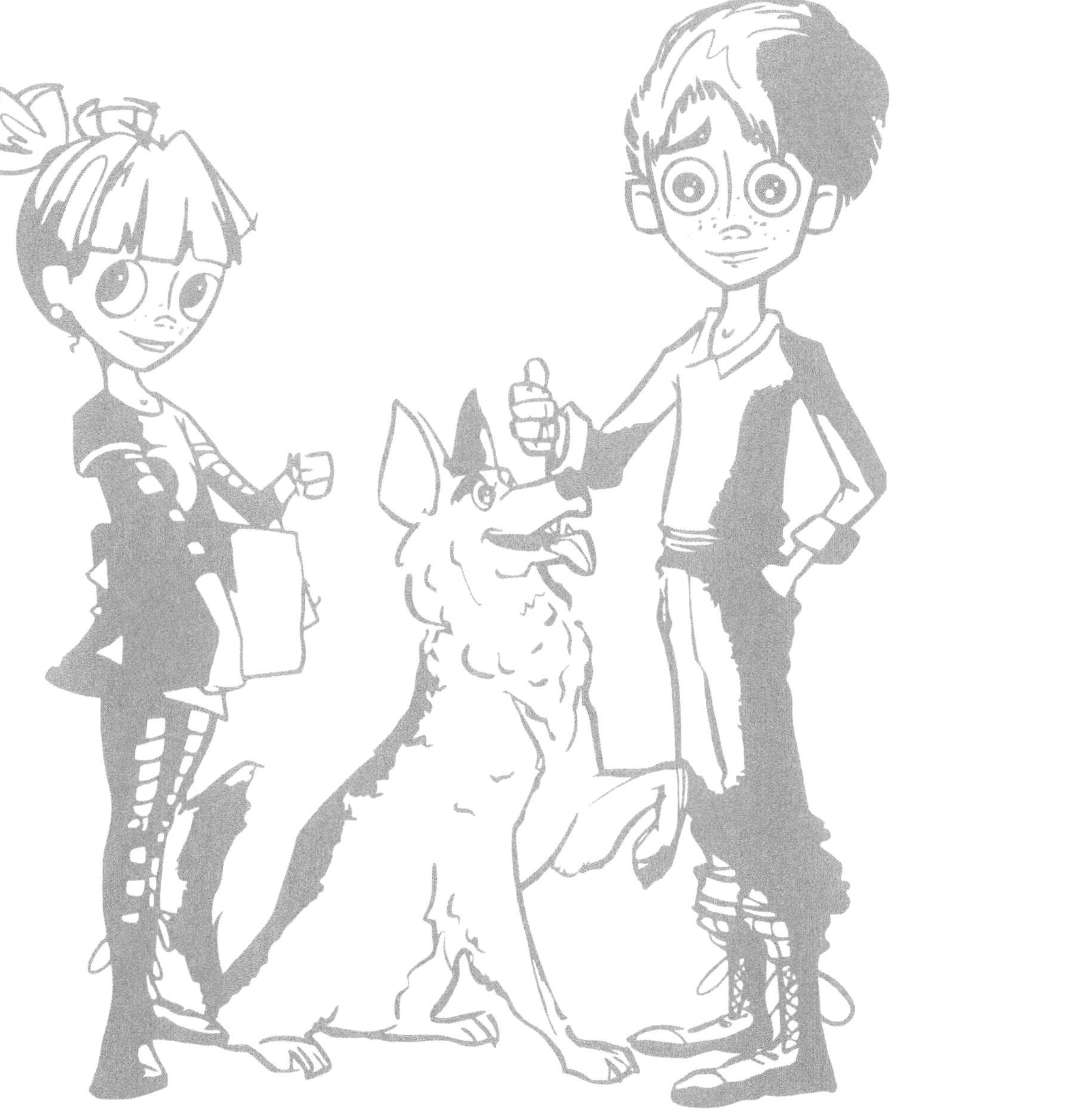

GAMESTARS
LOS _ el tesoro ESCONDIDO_ de Villalegre

	A	B	C	D	E	F	G	H	I	J	K	L
1												
2												
3												
4												
5												
6												
7												

	A	B	C	D	E	F	G	H	I	J	K	L
1												
2												
3												
4												
5												
6												
7												

LOS GAMESTARS EL TESORO ESCONDIDO DE VILLALEGRE

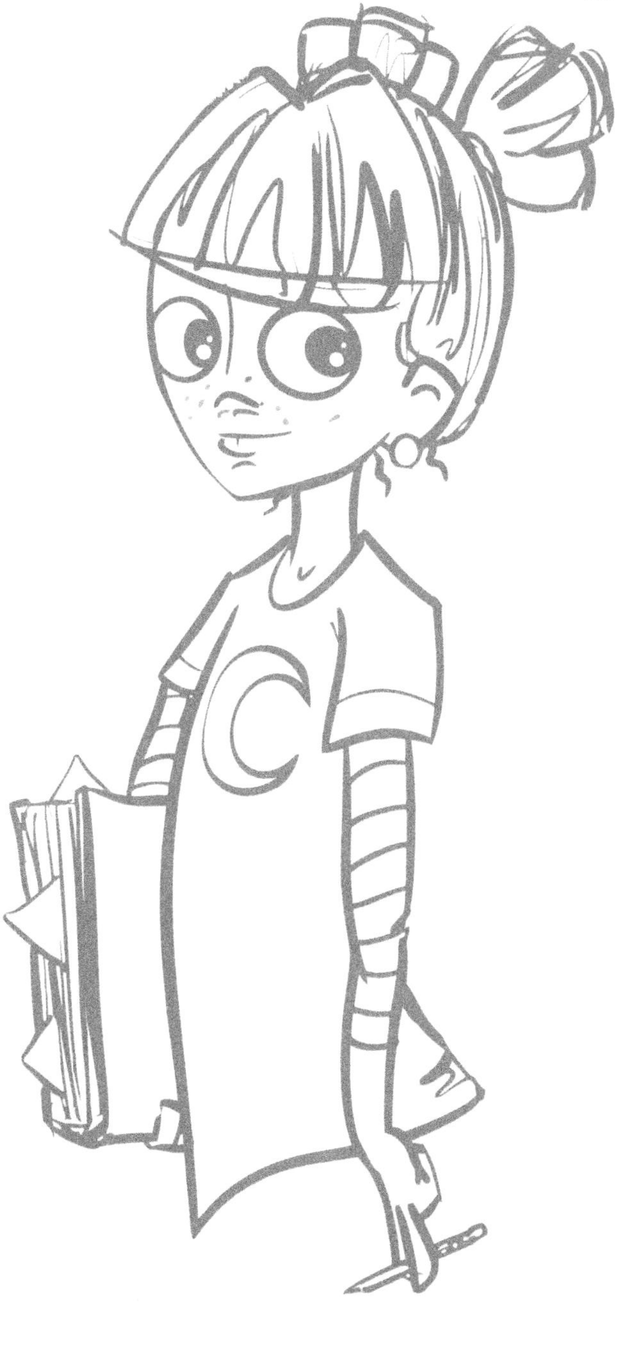

Los Gamestars
El tesoro escondido de Villalegre

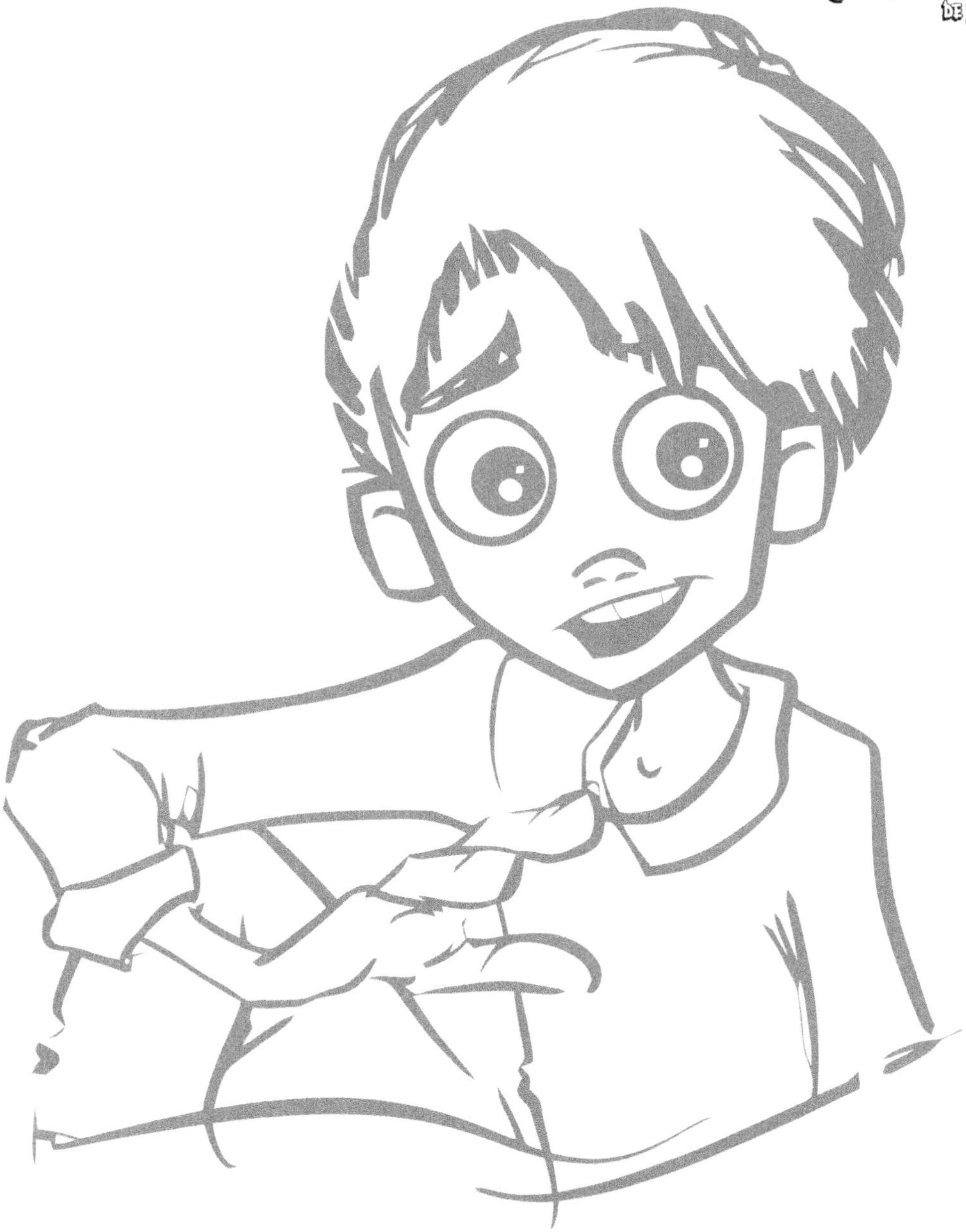

Los Gamestars
El tesoro escondido de Villalegre

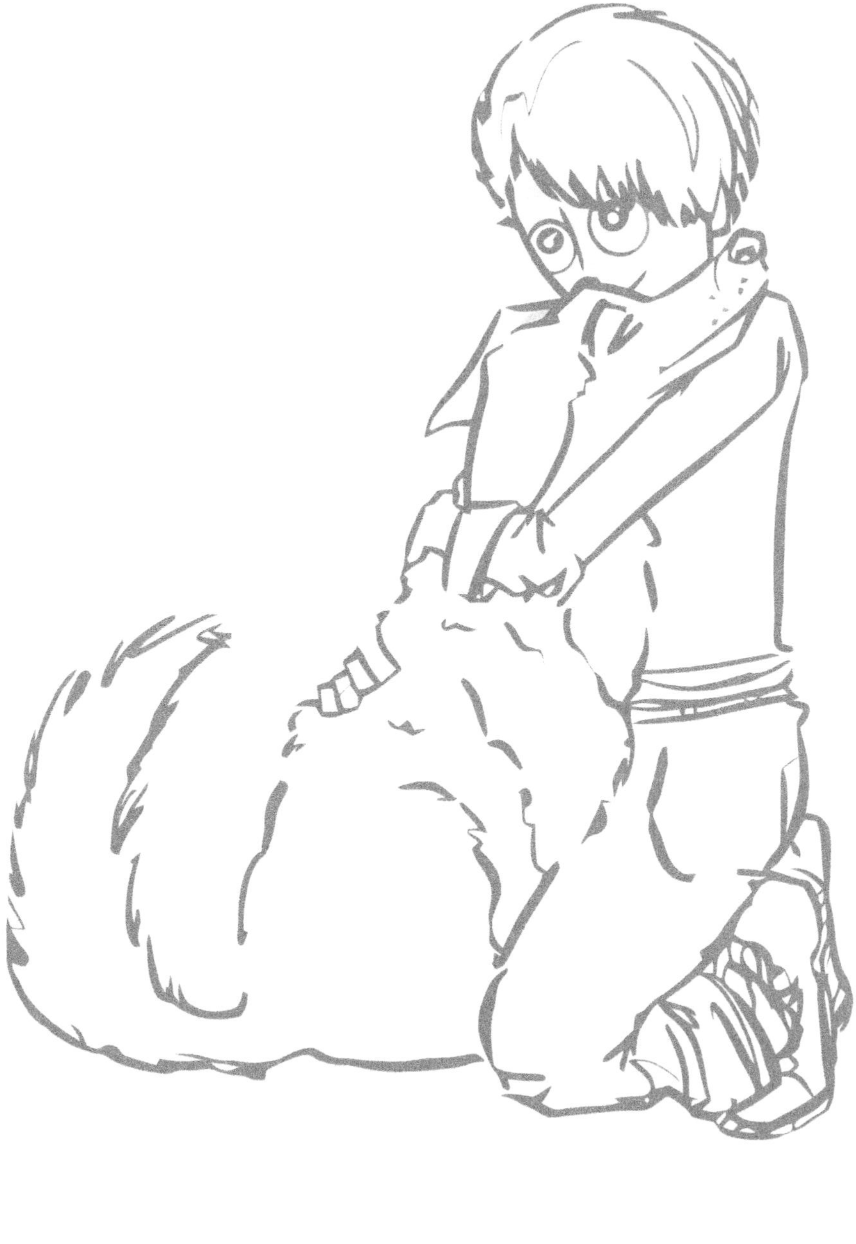

LOS GAMESTARS
El tesoro escondido de Villalegre

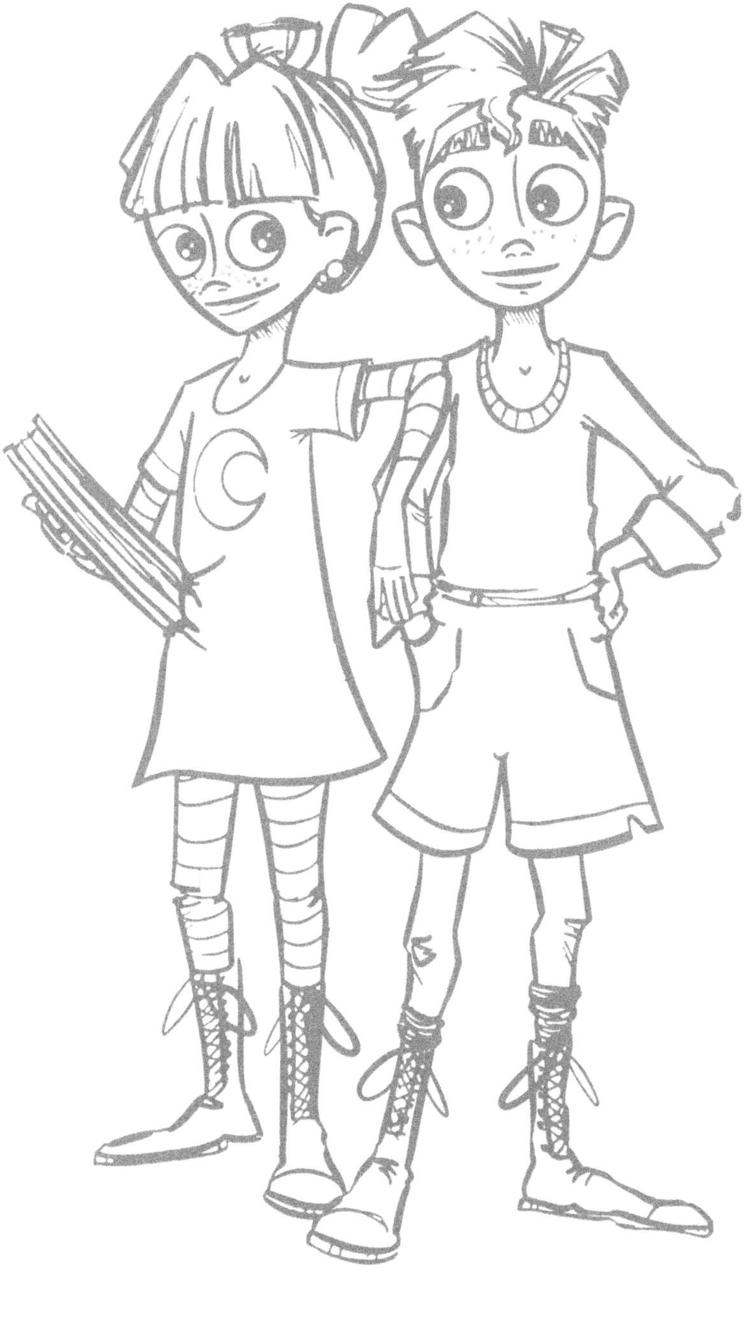

LOS GAMESTARS
EL tesoro ESCONDIDO DE Villalegre

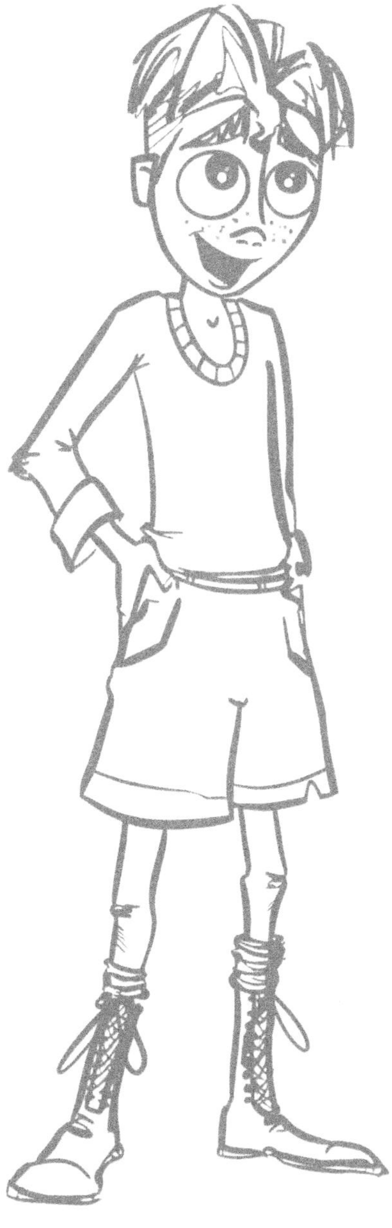

LOS GAMESTARS
El tesoro escondido de Villalegre

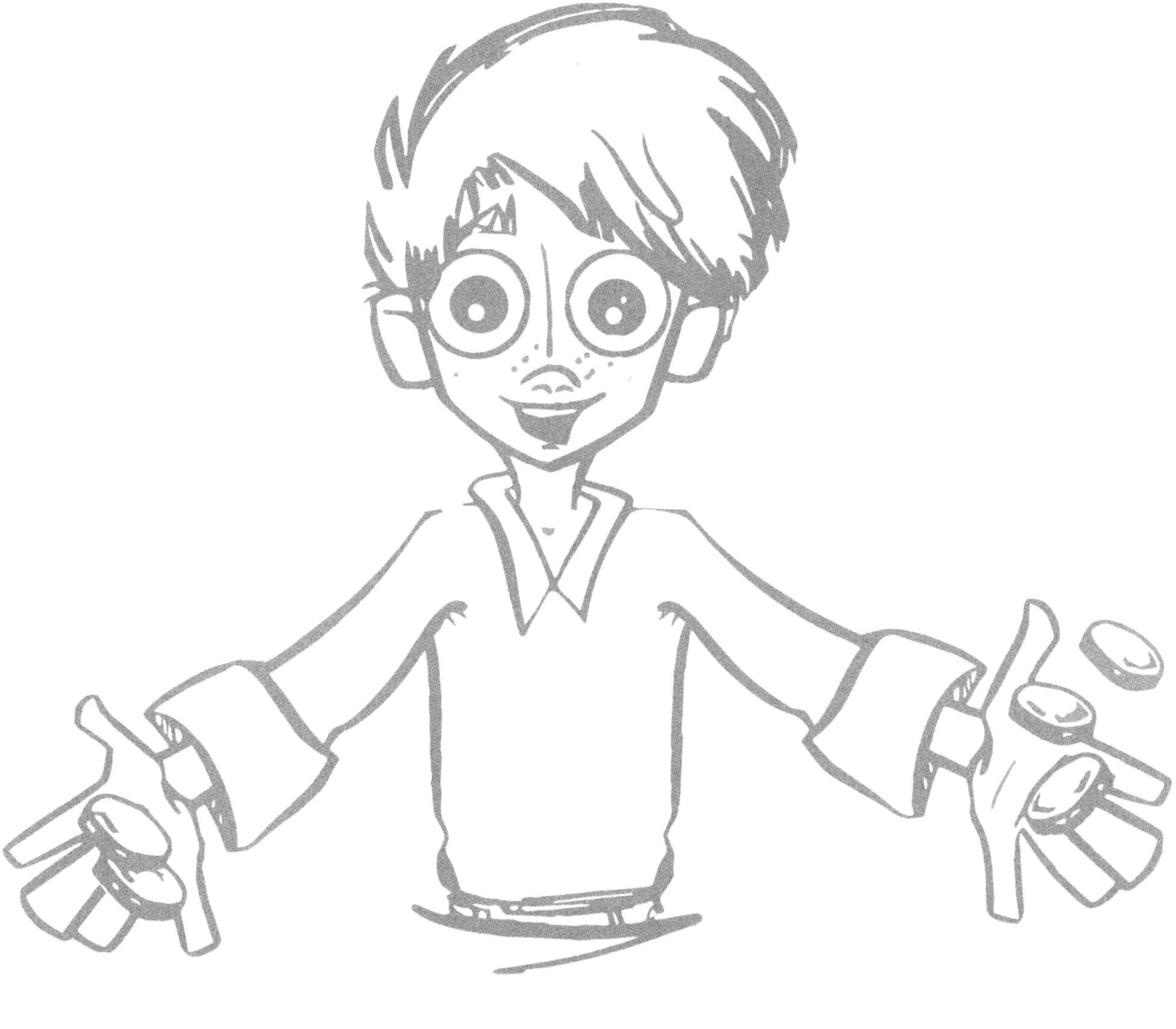

LOS GAMESTARS
EL TESORO ESCONDIDO DE VILLALEGRE

Printed in Great Britain
by Amazon